Círculo Rojo

.

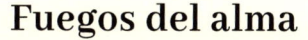

Fuegos del alma

Fuegos del alma

RICARDO FARRÚ CABRÉ

Círculo Rojo
EDITORIAL

Primera edición: febrero 2024

ISBN: 978-84-1061-470-3

Impresión y producción: Editorial Círculo Rojo

© Del texto: Ricardo Farrú Cabré
© Diseño de portada: Amanda Seibæk
© Maquetación y diseño: Equipo de Editorial Círculo Rojo

Editorial Círculo Rojo

www.editorialcirculorojo.com

info@editorialcirculorojo.com

Impreso en España - Printed in Spain

Dedico estos fuegos, que sólo queman las mentes y las palabras, a todos aquellos que impulsaron el alma de este libro, en especial a Mette y Javier, sin cuyo empuje y ayuda no hubiera sido posible, así como a Amanda Seibaek por su portada onírica y embriagadora.

También a mi familia que debe soportar las inclemencias de la poesía cuando se empapa de silencios estériles, así como a los amigos que creyeron y creen en mis letras y a todas las personas que han colaborado en su publicación.

Espejismos

Crucé las vidas de tus ojos entrecerrados
como las luces de un rayo amando los cielos
intentando ver los latidos de tu alma
para saber si había un corazón alojado ahí
o si sólo eran arenas ya deslavadas por el olvido

Entré con mis manos en tus pensamientos
esperando ver los faroles que iluminaron
tantos bailes de mariposas nocturnas
haciéndolas creer que tu luz era la fuente
de todos los amores que gemían
en cada crujir de los cristales rotos
y en cada suspiro de cuerpos sudorosos de pasión

Me sumergí como redes de pesca
en los mares profundos de tus besos de fuego
tratando de asir esos sonidos de trueno
que alguna vez retumbaron en mis labios
sedientos como vientos del interminable desierto
que corre de espejismo en espejismo
buscando el reflejo de un mar caprichoso

Me perdí en tus sombras
buscando el frescor de los árboles
que ya nunca crecerán
y ya nunca me encontraré

Y si tú...

Y si mañana tú me regalaras una vida
envuelta en mareas y destellos de peces
amarrada con algas y estrellas aladas
una vida que navegara con los volcanes ardientes
y se acurrucara a la orilla de aguas claras
la tomaría entre mis manos temblorosas
para guardarla en el fondo de mis ojos
al lado de un recuerdo de otras vidas olvidadas.

Y si tú mañana me regalaras una noche
perfumada de cuerpos desnudos de tiempos
palpitantes de corazones encabritados
como aves negras liberadas de su jaula
de años encerradas entre quebrados barrotes
perdería mi ilusa libertad desterrada
y me abrigaría entre tus sombras apasionadas
hasta convertirme yo mismo en otra vida errante.

Y si tú mañana...

Pasiones en la lluvia

Las pasiones se perdieron en la lluvia
desperdigadas como hojas de otoño
cada parte de ese cuerpo estrellado
se fue durmiendo con las mareas

El vaho tenue de un beso sin memoria
dibujó una triste sonrisa de despedida
olvidada antes que el alba amaneciera
y sólo un aliento de noche tocó la cama

Fueron ilusiones de amor pasajero
viajando eterno entre los recuerdos
rozando los cuerpos anhelantes
de suspiros ardientes entre las manos

Lluvia del mediodía

Yo quiero que me digas que el sol salió
porque tu pelo amaneció desordenado
y que la luna se fue a dormir cuando te vio
desnuda contra los cristales opacos
bañados de respiraciones entrecortadas

Yo quiero ver cuando tu mirada profunda
cambia el color del licor claro en oro puro
y los pájaros se ponen sus mejores plumas
sólo para dibujar el camino de tus sueños

Yo quiero que me digas que la lluvia del mediodía
cae cuando tus labios se juntan en un beso
y los caracoles corren a bañarse
en los charcos de aguas claras de cielo

Yo quiero que me digas en silencio
que las palabras no tienen sentido
como si fueran flores sin perfumes
y que sólo las manos alcanzan para decir
lo que todas las madrugadas del mundo callaron

Beso fugaz

Si nunca has sentido que un beso
te ha robado el vaho del rocío mañanero
ni ha detenido el rumor de los mares
simplemente tu corazón no te ha acompañado

Si nunca has sentido que una sonrisa
se enredó entre las venas que te alimentan
como si los pálpitos de tus sentimientos
se detuvieran en los fuegos del alma encadenada
es porque ese beso siguió su camino
buscando otros labios húmedos
para entrar por ellos hasta los estertores del alba

Si nunca has sentido que los trozos dispersos
de tus sueños se juntaron en un latir de pasos
es porque el beso fugaz de la vida
ha rodeado tus caminos sin mirarte a los ojos

La mirada

En el espeso humo de tus ojos pardos
se escondieron las brasas de las hogueras
que alguna vez quemaron pastos y ríos
con la fuerza de la lava descontrolada
corriendo por caminos de tierra olvidada

Apenas un leve olor al perfume de ayer
brotaba por los bordes de tus labios rojos
y cada palabra susurrada tuya embriagaba
los recuerdos de las olas que humedecieron caminos
con aromas a sales de tantos mundos
varados en su eterno girar por los soles oscuros

Tu mirada tenía la claridad de la niebla marina
cuando se despiertan las medusas azules
a jugar con los amores de tantas orillas doradas
dejando caracolas varadas en cada mediodía

Ver tus ojos a la luz de cualquier atardecer
era perderse en las tormentas de luna nueva
como si el alma fuera sólo una lluvia sin esperanza

El cielo y la nada

Contra el cielo y la nada vacía
se desdibuja el cuerpo desnudo
como un recuerdo de sueños
que habiendo sido, jamás fueron

Las hojas tiemblan mirando desde lejos
aquellos sonidos extraños del placer
subiendo del agua de los tiempos
envueltos en los recodos del final

Un cuerpo recortado contra la lluvia
desafiando el miedo y la oscuridad
deseándose a sí mismo sin pudores
pidiendo un instante de libertad

Muslos olvidados

Tu sexo huyó como viento del mediodía
de ese corazón de piedra que vivía entre tu cuerpo
sólo para sentir la libertad de los hielos
cuando se enamoran de los soles del verano
y corren como aguas cristalinas
apagando deseos enterrados entre muslos olvidados

Entre tantas gotas de rocío encendido
tus llamas fueron derritiendo la roca dura
y el palpitar angustiado de las pieles desnudas
prendió las sábanas arrugadas de soledades
deslumbrando los cardenales blancos de nieve
mojando los caminos y las dudas nacientes

Tu sexo liberó las tormentas y quebró
 rocas y corazones sin vida

Anclas de lavas

Ella sabía que era viento libre de amarras
que sólo debía volar adonde el tiempo claro
la llevara como espuma de nubes
dibujando cuerpos en el cielo lejano

Ella siempre supo que no era agua estancada
que necesitaba correr entre piedras blancas
sin destinos ni soles azules atrapados
en otros sueños y extraños abrazos
pesados como anclas de lavas ardientes
enquistadas en rocas negras sin futuro

Ella lo sabía y a pesar de las nieblas
se enamoró inocentemente del amor
entró en él como ave envuelta en arcoíris
a dejar sus plumas contra la pesada puerta
olvidada de sus libertades de siempre

Y cuando ya no pudo volar entre volcanes
ni entrar desnuda en cualquier mar
perdió sus luces y se aferró a los barrotes
esperando al viento que soltara sus amarras
y pudiera mirar sus ojos sin sombras

Una tenue lluvia

Una lluvia pasajera de nubes simples
se encaprichó con tus besos tenues
y se acurrucó contra tu pelo suelto
buscando el calor de esos ojos profundos

Eran apenas unas pocas gotas blancas
transparentes de tiempos y nostalgias
amarradas a las penumbras de tu cuerpo
despojadas de sombras y lunas llenas

Tu pelo se llenó de estrellas fugaces
brillando a la luz de las horas tardías
mojando los sueños en breves silencios
como pasos de ríos amando los mares

La tenue lluvia caía despreocupada
jugando con tus manos enamoradas

Gota de amor

Dame esa última gota de amor
la que cae solitaria de tu corazón
buscando un río que la lleve al mar
para desaparecer entre las espumas

Una gota que tiene el olor del olvido
que cae por sobre los muros del ayer
dejando brasas desesperadas en el aire
quemando las nubes negras y el mar

Es la última mirada de un amor
que nunca pudo brotar en tierra alguna
que caminó sola por los tiempos
hasta que se perdió en un atardecer

Latidos del alma

Cuando algo te falta en las mañanas claras
y lo buscas por las noches oscuras
te agachas entre las raíces con olor a tiempos
y gritas en silencio tus ansias desesperadas
buscas entre las piedras partidas
y entre las aguas de lluvias aún no nacidas

Buscas y buscas sin entender que hay que dejar partir
esos latidos del alma pidiendo un amor
que ya nunca más volverá a susurrar deseos
llenos de sueños tiernos como flores de invierno
y palabras que se desdibujaron en las horas
y en los besos desgastados de mareas insomnes
amores que se alejaron de los ojos iluminados
como velas gastando llamas en la nada

Las mañanas claras nacen sin memorias
y las noches oscuras se olvidan de ellas

Corazón errabundo

Si pudieras sentir el aire cálido de mis ojos
y el latir violento de mis manos inquietas
cuando te acercas en silencio por las noches
y las paredes se tiñen de frutos maduros
inundando los cuerpos de aromas extraños
como si el mundo viviera su última vida

Si pudieras oír las palabras que invento
y que nunca salen del escondite perdido
de mis pensamientos enredados en tu pelo
porque en el desgarro por decirlas
la boca se convierte en un mar sin fondo
donde todo se vuelve olas sin rumbo

Si pudieras decir los poemas que canto
desde los bordes del alma encendida
tratando de iluminar ese corazón errabundo
que deambula por las estrellas diurnas
enamorando los vientos y los tiempos

Si pudieras...

Flores de arena

Eres apenas una canción en mis ojos
desvelada por tantas lunas llenas
susurrante con recuerdos de amores
brillando sin luces por las mañanas

Eres una gota de dulce vino añejo
corriendo por los deseos sedientos
flotando sobre las aguas quietas
desapareciendo entre las sombras

Eres una medusa de aire helado
que deja rastros en las piedras negras
como si nunca hubieras amado
y que sólo vivió como un pasado inexistente

Eres lo que fuiste aquella noche clara
un olor a tierras húmedas de rocío
un beso fugaz del trasnoche breve
con gusto a flores de arenas lejanas

El temblor de tu cuerpo

Hubiera querido amarte
como ama el mar las rocas ancladas
con suave fuerza y a veces tempestades
pero siempre volviendo a besar tus sueños

Hubiera querido hacerte el amor
con la desesperación de la última mirada
hasta que ya no hubiese sido amor
sino sólo gritos apagados de lunas ardientes

Hubiera deseado besarte cada piel
de cada noche estremecidos a la sombra
que apenas mostraba tu cuerpo desnudo
en el destello silencioso de tus ojos

Hubiera querido atarme a tu alma
como caminante perdido en los años
para saber que en cada vuelta del destino
volvería a sentir el temblor de tu cuerpo
queriendo oler el amanecer entre mis dedos

Mañanas olvidadas

Dame una gota de lágrima salobre
que corre por el alma como rocío
de mañanas olvidadas entre el amor
lleno de esperanzas de mares verdes

Una sola lágrima corriendo libre
como si la vida se arrancara de la vida
dejando surcos de arados en las caras
de los amantes callados de tanto amar

Aguas de lágrimas solitarias de nubes
apenas asomando sobre los ojos
cansados de madrugadas de promesas
silenciosas de noches ajenas y extrañas

Sólo una lágrima de estrellas pedí
esa última noche de amores

Una grieta azul

Una canción se fue a posar sobre una rosa
la envolvió entre sus notas viajeras
y le dejó el olor profundo de la noche
en cada pétalo abierto a los celos del amor
cuando posee cada estrella fugaz

Sus notas siempre ansiosas por amar
inundaban cada raíz que tenía la osadía
de brotar en cualquier grieta azul
de tantas murallas envejecidas por la sal
de aquellos mares oscuros y aventureros
que volaban sobre los ríos y las nieves de fuego

Y esa canción insolente como el viento
te pasó a llevar los senos suavemente
y encendió tu boca y tus ojos de tiempos
y se instaló en los pliegues ansiosos
de caricias perdidas en los olvidos
que a veces el amor desata

Traslúcidas sombras

Cuando la tarde apaga los ventanales
ya sabes que las traslúcidas sombras
atraparán los pálidos destellos
de tus deseos ocultos bajo el cuerpo

Entonces te dejas llevar por la vida
y te despojas de todos tus ropajes
mientras vas sintiendo el roce del silencio
que baila contigo la música de ayer

Miras las penumbras de la pieza
desde tu escondida desnudez
dejando que los sueños te acaricien
creyendo que a lo mejor alguien te ve

Una leve sonrisa delata tu cara
detrás del rocío que cubre tu piel
pensando en ese breve instante
en que ya no tengas que temer

Perturbaciones

Ciertas noches sin esperanzas
los aires se perfuman con olores perturbadores
sofocando las flores y sus angustias
como si la tierra se escapara de sí misma

Aromas espesos de cuerpos extasiados
dominados por pasiones sin sentido
buscando desesperados saciar besos
de los que encienden fuegos fugaces

Son olores de sombras sin destino
que vagan por los senderos ocultos
despertando sexos adormecidos
y olvidando amores prohibidos

Las curvas de tu cuerpo

Ese deseo prohibido se ocultó raudo
en los pliegues de tu corazón palpitante
como si fuera un beso virgen de mares
mudos de placeres siempre esperados

Un volcán de vergüenzas culpables
se asomaba como oscura tormenta
entre los temblorosos muslos
y atormentaba sin escrúpulos tu alma

Eran sueños de pasiones extrañas
corriendo entre las curvas de tu cuerpo
como ríos de ardiente lava fría perdidos
en un cerrar de ojos en noches desveladas

Y un deseo como espina de rosas
desgarró tu mente llena de esperanzas

Rosa oscura

Detrás de la piel desnuda de inocencias
como antiguas cortinas de tiempos
el viento de una tarde llena de sures
se enamoró como pasajero amante

Vagaba entre los aires y los pliegues
perdido entre los ojos profundos
queriendo pintar sobre ese cuerpo
un ocaso perfumado de colores

Le pidió a la tierra alguna semilla pura
para que trepara por las entrañas
y dejara una rosa clavada en la espalda
de aquella mirada que lo ancló al mar oscuro

Luna negra

Eras un rincón de luna negra
sobre las frías mañanas del sur
desafiando los destinos ausentes
para poder entregar tu amor

Caminabas moviendo mares
embrujando marineros de piedra
mientras tu luz de cerradas noches
dejaba un rastro de sueños al pasar

Luna negra de pasiones fuertes
cruzándote a veces con el tiempo
haciéndole sombra a la otra luna
que celosa de ti se escondía

Y tú, orgullosa dama oscura
te dejabas querer sin sonreír
acariciando deseos blancos
como arcoíris de soles apagados

Amores inconclusos

Querías ser, nube solitaria de cielo claro,
la única gota de rocío enamorada
de cualquier mañana de invierno
que atravesara el sur sin pesares

Cabalgabas frías lluvias otoñales
con el rastro de los fieros volcanes
buscando las flores de la madrugada
para entregarte a sus pasiones descontroladas

Cada sol perdido en el horizonte
te arrastraba por las aguas desesperadas
llenas de viejos amores inconclusos
enterrados en las memorias recobradas

Desnudo de lunas

Cuando el vino corre por tus senos
la luna cierra su mirada avergonzada,
el aire detiene su marcha apresurada
y se sonroja ante la desnudez mostrada

Nada importa en esos breves instantes
de pasiones con calma desatadas
sólo el frío de la tierra hecha canto
abrazando tu cuerpo ya liberado

Los aromas de las parras lejanas
se embriagan con tus curvas iluminadas
pierden el sur siempre descontrolado
y desarman soles de siempre apagados

Niña de invierno

Ella, tal vez cansada del invierno,
se recostó desnuda sobre la nieve
esperando sólo que la luna lejana
la amara con sus nocturnos deseos

Ella dejó simplemente entrar el frío
lo acogió entre sus pieles sin amantes
y se dejó acariciar por el río lejano
pensando en ese amor ya perdido

Ella esperó que la blanca madrugada
desnudara también su alma de recuerdos
y el viento cortante de nortes viajeros
dibujara una sonrisa en sus labios

Sexos escondidos

Hay aromas que cruzan los sentidos
con violentos despertares de sexos escondidos
entre los fuegos de ríos turbulentos
corriendo enloquecidos por cuerpos ajenos

Destellos de volcanes siempre desarmados
por los senos de una tierra enardecida
envuelta en mantos de tormentas
que se mueren en los estertores amados

Aromas llenos de deseos primitivos
que destruyen a su paso desesperado
aquellos últimos vestigios sin sentido
de pudores esperando ser heridos

Furia de amantes

Sobre los vientos vibraban los deseos despertados,
y los pulsos desesperados de sentidos
corrían por las arenas ardientes
buscando espejismos de amores
entre cada sonido de aguas abrazando la tierra.

Un seno tembloroso y desnudo de pieles
se recostó sobre la luna blanca de pudores
y las pasiones hicieron temblar las estrellas
que fueron apagando sus luces una a una
para no perturbar la furia de los amantes
rozando sus cuerpos en el rito ancestral
de las gaviotas amando las olas del mar

Las llamas iluminaron los rincones escondidos
y los gemidos se convirtieron en sombras aladas

Sonrisa de agua

Escóndeme en lo profundo de tu sonrisa
y abrígame al calor de tus ensueños
deja que mi corazón se enrede con el tuyo
como si el tiempo hubiese sido sólo uno

Te quiero mirar detrás de las aguas lejanas
como si fueras el reflejo de mis ansias
acercarme a tus pechos encendidos
y quemar en ellos todos mis recuerdos

Sólo escóndeme profundo, amor
para olvidar el ayer y el mañana
sabiendo que el susurro de tu sonrisa
hará brillar el reflejo de las aguas claras

Agua de manantial

Una hoja de otoño frío
atrapó tu corazón entre las nubes
lo encendió como el agua de manantial
enciende las estrellas de la mañana

Un corazón solitario y lejano
se dejó atrapar por esa simple hoja
que volaba libre entre los aires
sin querer anidar en ninguna madrugada

El tiempo de los amores nacientes
puso sus colores de tierra y cielo
a las calladas luces de ese encuentro
y una hoja de otoño besó un corazón

Mariposas negras

Unos ojos llenos de inocencia clara
miraban desde aquel cercano rincón
como mariposas negras contra la luna
volando por los cielos para no volver

Ojos con vidas por vivir las mañanas
esperando que un jazmín solitario
inundara cada vuelta de su cuerpo
amándolo como las gaviotas la arena

La mirada suspirando sin suspiros
perdida en las esperas del amor
siempre caprichoso de los años transcurridos
en cada respiro del alma

Niña color de fuego

Te he visto caminando por las calles
niña color de fuego
buscando el sol pálido y la luna ardiente
atravesando sentimientos de lluvia
mientras buscabas el amor eterno

Te he visto enamorarte del amor
niña color de fuego
y entregarte entera a la noche desnuda
mientras tu alma se desvestía

Te he visto llorar llena de amores
niña color de fuego
desesperando por los besos lejanos
mientras tus ojos en la ternura se perdían

Si el agua se encendiera con agua
y la noche con la oscuridad brillara
tú, niña color de fuego
seguirías por el amor enamorando

Muertes delicadas

Una sombra llena de oscuros deseos
se deslizaba furtiva entre las sábanas
en oleadas de vinos antiguos de amores
atrapando cada espasmo de corazones

Nadie sabía que existía entre las mañanas
como si los cuerpos siempre sintieran
que al final de los acallados gritos
no quedaría más que una canción olvidada

Apenas el recuerdo de un gemido
apagado contra el rubor de ojos
entrecerrados de muertes delicadas
repitiendo su eterno morir de madrugada

Los amantes

Cuando los dormidos amantes
se confundieron en las olas del mar
ya las rosas habían florecido
sobre las lejanas piedras del amor

Ellos sólo supieron de suspiros
mientras la cómplice luna
los acariciaba en su eterno amar
y los amantes se amaban sin mirar

Amores de amantes sobre las aguas
avanzan confundidos sobre sus sombras
como navegantes sin estrellas ni mar
entrelazando cuerpos en el viento otoñal

Amantes de un soplo de hojas
navegando sus suspiros de amor
cuando las olas susurran su andar
y ellos sólo escuchan al viento cantar

Amores ajenos

He visto amores extraños y ajenos
recorriendo desiertos muertos
contando las espinas de las rosas
hablándoles a los mustios vientos

Los he visto cabalgar nostalgias
amarillas como hojas de otoño
sin detenerse en ninguna esquina
tiritando con sueños de mares oscuros

Son amores fugaces sin destino
corriendo las lunas apagadas
buscando un solo destello gris
como si ello fuera la vida antigua

Amores extraños dormidos de día
buscando las pasiones del alma
sin saber que ellas no despiertan
si no es en lo profundo del agua

Remolinos de papel

Palabras que caen en el corazón
como músicas de mares oscuros
anclándose en los amores encerrados
palabras de flores con versos de tierra

Palabras arrastradas por el viento
como canciones de árboles verdes
envolviendo amantes con luz de agua
palabras que crean vida de la nada

Palabras llenas de remolinos de papel
jugando con sentimientos de aire
atrapando los ojos y las lágrimas
palabras del alma amando el amor

Estrellas oscuras

Si alguna vez el día se vistiera de sexo
lo haría con tus olores a tierra y mares
usaría de vestido una rama de tu alma
y volvería locos a los deseos despertados

Cada hora del tiempo perdería su mente
en los pliegues de tus verdes muslos
y las flores cambiarían de colores
sólo con las gotas de tus pasiones

Abrigarse con destellos de tu sexo
y descubrir las estrellas más oscuras
caminar con los fuegos ilusionados
mientras el día se roba los corazones

Pobre del día que se cubra con tus ardores
porque deambularía como tormenta sin aguas
sediento de ríos de algas enmarañadas
para saciar ese fuego que lo aprisiona

Oscuras oscuridades

Es una necesidad física, mental, ecuatorial
y desesperante, ilusionante y atrapante
un deseo irremediable, envidiable y atrayente
un fuego que consume, aprisiona y apasiona
un deseo que abrasa y abraza
mientras los cuerpos se entrelazan

Se pierde entre los sueños soñantes
como durmientes llenos de ilusiones
infinitamente limitantes
en las paredes de cuerpos desintegrados
y en su todo estrechamente amarrados
siempre desvelados y aprisionados

Las oscuras oscuridades atravesantes
de un sexo como droga excluyente
que amarra y ata cuerpos sin cabestrantes
mientras desata ojos y mentes impunemente
hasta que la razón se enardece como filo demente

Sueños de cristales

Cuando la luz opaca de la mañana
golpeó suavemente los cristales
despertando noches interminables
llenas de sueños extraños y salobres

Se derramó sobre los rincones grises
el entrañable olor profundo a higo fresco
de tu sexo libre de amarras ancestrales
hundiendo el sopor de los ojos en abismos siderales

Mientras las telarañas de cristales puros
se ensoñaban en tiempos antiguos
y añoranzas llenas de pasiones lentas
se cruzaron los sentimientos como ríos desbordados

Te miré como nunca nadie lo hizo
porque nadie te ha visto con los ojos de otro
haciendo el amor desesperado
mientras tus sueños te atrapan en sus propios sueños

Sombras

En la mitad de la calle antigua
me encontré de frente con tu sombra
estirada y solitaria como espiga
mirabas con sonrisa adormecida
y agitabas tus recuerdos al aire

Tu sombra cantaba silenciosa
en la mitad de aquella calle
diciéndole al que por allí pasara
que de tu ayer poco quedaba

Me senté a escuchar tu canto
mientras la memoria me traicionaba
te dejé amando como niña
y tu sombra era de madura amante

Sombras y sombras caminando
la tuya por una acera orgullosa
la mía sólo contemplando

Suspiros de ríos

No sé si los días se cayeron del alma
o que simplemente nunca la encontraron
entre tantos caminos que la buscaron
antes de un hoy que nunca logró amanecer

No sé si ese corazón perdido en las olas
navegó por mares o sólo en aguas secas
mientras latía con las nubes pasajeras
esperando con inocencia la lluvia

No sé si esos amores a veces florecidos
se regaban con los olores del invierno
o si los alcanzaban los suspiros del río
para bajar por las viejas orillas de musgo

No sé si ese vino enamoró al alma
y destapó su corazón errante hasta perder la razón

Ricardo Farrú Cabré

Santiago de Chile, 1952.

Economista y poeta.

Cofundador y director de los diarios digitales El Pilín, político-satírico, ya desaparecido y de Dobleclik, político-cultural, en receso por la pandemia.

Conductor del programa Pensamiento Hablado de Radio Universidad de Chile durante cuatro años.

En Hungría, durante su exilio, fue cofundador del Taller Literario Kö Kura (kö: piedra en húngaro y kura: piedra en mapuzungun) con más de 40 participantes de varios países, Chile, Portugal, Uruguay, Perú, Panamá, Cuba y Hungría, que editó una revista mensual en castellano, ilustrada por la pintora y dibujante Elsa Urzúa y patrocinada por la Universidad Técnica de Budapest.

Ha publicado tres libros, dos en Dinamarca, en castellano y danés y uno en Chile. El primero De amores y ausencias (2018), en edición limitada y el segundo Entre fuegos y otoños (2020), que tuvo una favorable crítica del Lector de la Real Biblioteca Danesa, donde existe un ejemplar, lo que permitió su llegada a varias bibliotecas públicas y a los circuitos de venta del país nórdico.

El tercer libro, Fuegos del alma, fue publicado en Chile en modalidad autoedición

Actualmente es miembro del Liceo Poético de Benidorm, delegación Chile y director de su diario.

Índice